Chemin de fer de Lyon à la Méditerranée.

Ligne de Marseille à Toulon.

Tableau des repères de nivellement pour l'exécution des travaux, placés en Juillet 1855.

Note. Les ordonnées des repères sont rapportées au niveau des basses mers indiqué par l'Echelle des marées du fort St Jean à Marseille.

Le nivellement de Marseille à Toulon a été fait dans le courant de Juin 1855 par deux Opérateurs nivelant en même temps avec deux niveaux différents et lisant sur les mêmes mires.

À chaque Station les deux opérateurs se communiquaient la différence de façon à éviter une erreur grossière et considérable. Quand la différence des deux opérations n'était que de quelques millimètres on passait outre et l'on continuait. À la fin du nivellement les ordonnées ont été calculées à deux et séparément et l'on a eu soin de prendre la moyenne des différences trouvées entre deux repères consécutifs. Si ces fluctuations allant dans l'un ou dans l'autre sens avaient été négligées entre Marseille et Toulon, l'ordonnée trouvée par les deux niveleurs aurait différée de 0.^m019.

Chemin de fer de Lyon à la Méditerranée.
Ligne de Marseille à Toulon.
Tableau des repères de nivellement pour l'exécution des travaux, placés en Juillet 1855.

Désignation des repères.	Position des repères.	Ordonnée des repères.
	Département des B. du Rhône. **Section de Marseille.**	
R. 9.	Sur le socle intérieur de la façade Ouest de la halle de la gare de Marseille	49, 273
R. 8.	Sur le parapet du pont d'Orléans	48, 710
R. N°. 40.	Joint au niveau du socle de la tête de l'arche Guis qui fait face à la gare de Marseille	47, 690
R.M.T. A	Sur la margelle d'un puits à gauche de l'axe dans la propriété Matassy, vis-à-vis le piquet 20 (tracé Guin)	58, 800
R.M.T. 1.	Sur la plaque du canal au syphon Saint Charles	71, 370
R.M.T. 2.	Sur le seuil de la porte du sieur Michel Icardi, cordonnier boulevard des montagnes Russes	59, 559
R.M.T. 3.	Sur l'angle du seuil de la porte de la maison N°. 75 sur la route Impériale N°. 8 bis	47, 994
R.M.T. 4.	Sur l'angle du socle de la maison qui donne à la fois sur la place et sur la rue du jardin des plantes	45, 815
R.M.T. 6.	Sur le seuil de la porte de la maison N°. 1 du boulevard Boisson à droite de l'axe	45, 057
R.M.T. 7.	Sur un rocher dans le chemin des pierres de moulin à droite du tracé un peu à l'amont de la petite porte Lamonta	45, 271
R.M.T. 8.	Sur la borne de droite en entrant du portail de la campagne Badetti sur le bord du chemin des pierres de moulin, à gauche de l'axe	67, 068
R.M.T. 10.	Sur une borne à l'angle de la ferme Lauzero à gauche du tracé	47, 648

Désignation des repères.	Position des repères.	Ordonnée des repères.
R m. T. 11.	Sur l'angle du socle de la porte d'entrée de la campagne Durand sur le bord du chemin de St Jean-du-désert.	49, 800.
R. m. T. 12.	Sur un rocher à gauche du tracé et à 15 mètres environ avant l'aqueduc de St Pierre	49, 925
R. m. T. D.	Sur le regard No. 40 de la conduite d'eau de l'hureaume à Marseille	37, 711
R. m. T. 13.	Sur le regard No. 36 de la conduite d'eau de l'hureaume à Marseille	37, 427
R. m. T. 18.	Sur le socle du pilastre du portail de la campagne Chauvin sur le bord de la route de grande com.on No. 2 de Marseille à Gémenos	38, 612.
R. m. T. 19	Sur le seuil de la porte de l'hospice de la Pomme	41, 113.

Désignation des repères.	Position des repères.	Ordonnée des repères.

Section d'Aubagne.

Désignation	Position	Ordonnée
R.m.T.20	Sur le regard N°1 de la conduite d'eau de l'bureau à Marseille	38,369
R.m.T.21	Sur le seuil de la porte d'une bergerie de la Moutte à gauche du tracé et à 80 mètres environ à l'aval de la scierie	42,183
R.m.T.22	Sur le socle du pilastre du portail de la Rente sur le bord de la route Impériale N°8	52,439
R.m.T.23	Sur le socle de la maison de la V.e Icard dans le village de St. Marcel	53,180
R.m.T.24	Sur le seuil de la porte de la maison Forbin d'Oppède située sur le bord de la vieille route de Toulon et habitée par Marie Roux	54,121
R.m.T.25	Sur le sommet du dé côté de Toulon du parapet aval du pont construit sur le ravin de la Barrasse pour la route Impériale N°8.	66,790
R.m.T.26	Sur une pierre du mur de garde de la route Imp.le N°8 à 300 mètres environ à l'amont du grand syphon du canal de Marseille (à 5 mètres environ du bout du mur)	67,664
R.m.T.27	Sur un puisard d'un aqueduc construit sur la route Impériale N°8 pour le passage des eaux d'arrosage de la déviation de la Millière	69,088
R.m.T.28	Sur le parapet aval d'un ponceau construit à droite du tracé dans la grande allée de la Reynarde	73,715
R.m.T.29	Sur une pierre d'angle de la maison Gayrard située sur le bord du chemin de g.de communication N°2	78,582
R.m.T.30	Sur un rocher dans le talus du chemin de g.de communication N°2 à 150 m. environ avant la fabrique de chandelle de Maurin	83,214

Désignation des repères	Position des repères.	Ordonnée du repère.
R.m.T. 31.	Sur la dalle d'un aqueduc jeté sur le fossé d'arrosage qui borde le chemin de grande communication N° 2 en face de l'Aumône _____	82, 988
R.m.T. 32	Sur une pierre en saillie de la maison du S.r Séné sur le bord du chemin de g.de communication N° 2 _____	84, 918
R.m.T. 33.	Sur une pierre du bout d'un mur de clôture situé sur le bord du chemin de grande communication N° 2 en tête de la propriété de la Deydière _____	87, 315
R.m.T. 34	Sur le parapet aval d'un ponceau construit sur le chemin de grande communication N° 2 vis à vis le portail de la Demande (ancien repère N° 284) _____	98, 879.
R.m.T. 36.	Sur une pierre d'un mur en pierres sèches qui borde le chemin de grande communication N° 2 à 50 mètres environ à l'aval du chemin Bernard _____	101, 861.
R.C.F. 27	Sur le point le plus au levant du mur qui soutient la balustrade de la maison Pellegrin sur le bord du chemin de grande communication N° 2 _____	100, 935
R.m.T. 37	Sur le parapet d'un aqueduc du chemin de grande communication N° 2 dans l'allée de peupliers d'Aubagne	100, 361
R.m.T 42	Sur la marche d'escalier de la porte de la Verrerie d'Aubagne qui donne sur la route dép.le N° 3 de Marseille à Roquevaire _____	102, 970.
R.m.T. 43	Sur la dalle d'un aqueduc sur le chemin de Baudinard à la rencontre du chemin des Aubert _____	104, 773
R.m.T. 48	Sur le parapet aval du pont construit sur la Maïre pour le chemin de grande communication N° 2 _____	109, 163.
R.m.T. 47	Sur une pierre d'angle d'une loge à porcs de la campagne Maurin au quartier des Pessous _____	109, 117.
R.m.T. 46	Sur une grosse pierre plantée dans le tertre du chemin de Bonne nouvelle à 150 mètres environ au levant de la maison Baruc _____	112, 158
R.m.T. 45	Sur le seuil de la porte de la campagne de M.r Louis Rey Maire au quartier des Guarguers	115, 738

Désignation des repères.	Position des repères.	Ordonnée des repères.
R. m. T 44	Sur une pierre au pied d'un mur à la rencontre de la route Impériale N°.8 et du chemin de Riquez	115, 593
R. m. T 57.	Sur une pierre d'angle du mur d'un vieux cabanon démoli situé entre le pied du coteau des Espalières et le Merlançon	116, 929
R. m. T 56.	Sur une pointe de rocher qui sort d'une muraille derrière le Bastidon de Jean Isnard	128, 273
R. m. T. 55.	Sur une pierre à la jonction du chemin des Espalières et du chemin des Vaux	152, 949
R. m. T. 54	Sur le mur de terrasse de la campagne de Roch Poncel au quartier des Espalières	140, 958
R. m. T. 51.	Sur une pierre d'un mur qui borde à gauche le chemin d'Aubagne à Fenestrelle, à 200 mètres environ avant la campagne Sauvaire	124, 737
c F. 31.	Sur une borne à l'entrée de la propriété Sauvaire avant le vallon de Fenestrelle	144, 323
R. m. T 58	Sur l'angle d'un lavoir près du puits de Fenestrelle	122, 347.
R. m. T. 59.	Sur un gros rocher à l'entrée du vallon de Toupin	119, 151
R. m. T. 60	Sur le bord du chemin du Vallon de Toupin à gauche en montant, vis-à-vis le piquet 82 du tracé Gouin	129. 025
F et R. 33	Sur un repère de l'État dans le fond du vallon de Toupin vers le piquet 83 du tracé Gouin	131, 171.
R. m. T. 61.	A droite en montant dans le vallon de Toupin vis-à-vis le piquet 87 du tracé Gouin	137, 320
R. m. T 62.	Sur le bord du chemin du Vallon de Toupin, à gauche en montant à 50 mètres environ après le ci-devant four à chaux	148, 274.

Désignation des repères.	Position des repères.	Ordonnée des repères
	## Section de Cassis.	
R. m. T. 63.	Sur le bord, côté gauche en montant, du chemin de Toupin au débouché dans le vallon de la Girarde	159, 695
R. m. T. 64	Sur la face d'un rocher de la montagne de Fenestrelle à 150 mètres environ à droite du tracé	189, 811
R. m. T. 65.	Sur un rocher sur le flanc Nord de la montagne de Fenestrelle à 150 m. environ à droite du tracé et un peu au dessus d'un pin isolé	212, 912
R. m. T. 66	Sur un rocher sur la face Nord de la montagne de Fenestrelle à 200 mètres environ à droite du tracé Gouin	235, 027
R. m. T. 67	Sur un rocher sur le flanc Nord de la montagne de Fenestrelle à 200 mètres environ du tracé, à 20 mètres au dessus du sentier et près d'un pin isolé	267, 560.
R. m. T. 68	Sur un rocher sur le flanc nord de la montagne de Fenestrelle à 150 mètres environ à droite du tracé	288, 477
R. m. T. 69	Sur un rocher sur le flanc nord de la montagne de Fenestrelle et presque au sommet, à 200 m. environ à droite du tracé vers le sentier	307, 807
R. m. T. 70	Sur un rocher à 50 mètres environ à gauche du tracé Gouin, vers le 20° Kilomètre	315, 463
R. m. T. 71.	Sur un rocher à 30 mètres environ à gauche du tracé et à 150 mètres avant le Mussuguet	303, 217
R. m. T. 72	Sur un rocher à 20 mètres environ au dessus d'un chemin de service et à 80 mètres au couchant de la ferme du Mussuguet	266, 647
R. m. T. 73	Sur un rocher à 40 mètres environ et au Sud des terrains cultivés du Mussuguet, à 150 m. à gauche du tracé Gouin	266, 867.
R. m. T. 74	Sur un rocher vers le sommet Sud de la montagne de Fenestrelle à gauche du tracé Gouin vers le piquet 21100	280, 759
R. m. T. 75	Sur un rocher sur le versant Sud de la montagne de Fenestrelle à droite du tracé Gouin	270, 691.

Désignation des repères.	Position des repères.	Ordonnée des repères.
R. m. T. 76.	Sur un rocher sur le versant méridional de la montagne de Fenestrelle _____	255, 000
R. m. T. 77.	Sur le versant méridional de Fenestrelle à gauche du tracé Gouin . en vers le piquet 22100 _____	236, 660
R. m. T. 78.	Sur un rocher à droite du tracé Gouin vers les gorges Sud de la montagne de Fenestrelle _____	212, 606
R. m. T. 79.	Sur un rocher à droite du tracé Gouin vers les gorges Sud de la montagne de Fenestrelle _____	197, 768.
R. m. T. 80	Sur un rocher à gauche du tracé Gouin sur le bord droit du ravin qui est à la sortie du Souterrain de Fenestrelle	168, 339
R. m. T. 81.	Sur un rocher à gauche du tracé, à 100 m. environ avant la bergerie du Brigadan _____	154, 576.
R. m. T. 82	Sur le perron de la Terrasse de la ferme du Brigadan appartenant à Mr Ner de Cassis _____	127, 724
R. m. T. 83.	Sur le seuil de la porte de l'écurie de la maison Olivier au quartier du plan à gauche du tracé Gouin _____	115, 669
R m. T. 84	Sur un rocher sur le bord d'un sentier dans le vallon à droite du tracé Gouin entre Barbro et Collongue _	113, 321.
R. m. T. 85.	Sur un rocher sur le bord côté gauche du vallon à droite du tracé Gouin entre Barbro et Collongue à 60 m. environ au dessus de la propriété Mazan _____	88, 051
R. m. T. 86.	Sur la dalle d'un ponceau sur le chemin de Cassis à Ceirette en face de Collongue _____	87, 213
R. m. T. 87.	Sur un rocher dans la gorge de la marcouligno à droite du tracé de l'état et à 80 mètres environ au dessus du cabanon de J. B. Dallest _____	95, 180
R. m. T. 88	Sur un rocher dans le chemin qui mène du hameau des Jeannots au chemin de Cassis à Ceirette tout près de la maison d'André _____	104, 931
R. m. T. 89.	Sur un rocher à gauche en montant dans le vieux chemin de Cassis à Ceirette à droite du tracé Gouin et à environ 150 mètres du piquet 24300 _____	141, 634

Désignation des repères.	Position des repères.	Ordonnée des repères.
R. m. T. 90	Sur un rocher à droite du tracé Gouin vers le p.^t 24430 à la traversée du vieux chemin de Cassin à Ceirette	160, 456
R. m. T. 91	Sur le mur de garde du chemin de grande communication N°. 1 à la traversée du Souterrain des Jannots	178, 241
R. m. T. 92	Sur le mur de garde du chemin de grande communication N°. 1 au Sommet du pas des Belles-filles _____	193, 323
R. C. F. 42.	Sur une dalle d'un ponceau à la jonction de la route départementale N°. 16 et du chemin de g.^{de} communication N°. 1 _____	195, 941
R. m. T. 93	Sur le mur de garde de la route départementale N°. 16 à la descente vers la Ciotat _____	185, 737
R. m. T. 94	Sur un rocher situé sur le côté gauche en descendant de la route Départementale N°. 16 à 100 mètres environ à gauche du tracé Gouin _____	163, 581
R. m. T. 95	Sur un rocher à droite de la route départementale N°. 16, à 100 mètres environ à droite du tracé Gouin	151, 772
R. m. T. 96	Sur un rocher à gauche de la route départementale N°. 16 à droite du tracé Gouin _____	136, 650
R. m. T. 97	Sur l'angle du cordon d'un ponceau construit sur la route départementale N°. 16 à la rencontre du chemin du pas de Colle _____	114, 694
R. m. T. 98	Sur la dalle de recouvrement d'un ponceau de la route Départementale N°. 16 à droite du tracé Gouin vis-à-vis le piquet 26400 _____	103, 590
R. 86.	A droite du tracé Gouin vis-à-vis le piquet 26750 _____	92, 575
R. m. T. 99	Sur un ponceau de la route Départementale N°. 16 à droite du tracé Gouin et à 150 mètres environ à l'amont des carrières de grès _____	70, 753

Désignation des repères.	Position des repères.	Ordonnée des repères.
	## Section de la Ciotat.	
R.m.T. 100	Sur un rocher au quartier de la plaine Brunette près du bastidon de Guibert	87, 129.
R. 89.	Sur un rocher à une quinzaine de mètres du cabanon Ducros au quartier de Pignes de Rohan	73, 902
R.m.T. 101.	à 150 mètres environ à gauche du p.ᵗ 28200 du tracé Gouin	74, 211.
R.m.T. 102.	Sur un rocher à gauche du tracé Gouin derrière une battide sans toiture, appartenant à un M.ᵉ Girard	71, 839.
R.m.T. 103.	Sur le seuil de la porte de la campagne de M.ᵉ Reynier à droite du tracé Gouin vis-à-vis le piquet 28500	71, 603
R.m.T. 104	Sur un rocher au pied d'un mur à 100 mètres environ à l'amont de la propriété Marmes appartenant à M.ᵉ Barbaroux	64, 757
R.m.T. 105.	Sur un rocher sur le bord du chemin des Cérériers derrière la maison Mestre, cordonnier	51 582
R.m.T. 106	Sur la marche d'escalier de la porte d'entrée de la maison de campagne Daumas au quartier du Garoutier	48, 441
R.m.T 107	Sur le seuil de la petite porte de la campagne Fabre David	57, 634
R.m.T 108	Sur une pierre d'une fenêtre bouchée en maçonnerie de la campagne Reynier (campagne non habitée)	52, 194
R. 97.	Sur un rocher derrière la maison Ventre sur le bord droit du ravin de Ceirette	41, 692
R.m.T 109	Sur un rocher au pied d'un mur de terrasse à 50 m. environ au couchant de la campagne Cottard Maire de la Ciotat	51, 450
R. 98.	Sur un rocher à 50 mètres au levant de la dite campagne Cottard	52, 764
R.m.T. 110	Sur une grosse pierre de l'Aire Maistre	48, 038
R.m.T. 111.	Sur un rocher à 100 mètres environ au nord de la campagne Martin à droite du tracé Gouin	48, 954
R.m.T. 112.	Sur le seuil de la porte de la campagne Décanis à gauche du tracé Gouin et vis-à-vis le piquet 31600	49, 886

Désignation des repères.	Position des repères.	Ordonnée des repères.
R. m. T. 113.	Sur le seuil de la porte de la campagne Bérouard à gauche du tracé, vis-à-vis le piquet 32400 tracé Gouin	50, 931
R. m. T. 114.	Sur le mur de garde de la terrasse de la campagne Riboulet	41, 950
R. m. T. 115	Sur un rocher à côté de la campagne Reboul	42, 570
R. m. T. 116	Sur un rocher à droite du tracé Gouin et à environ 10 mètres du p.t 33500.	48, 114
R. m. T 117	Sur le seuil de la porte de la ferme Garnier à gauche du tracé Gouin	31, 317
R. m. T 118	Sur une pierre d'un mur de terrasse à 120 mètres environ au levant de la campagne Louis Bérouard à gauche du tracé Gouin vis-à-vis le piquet 33800	26, 487
R. m. T. 119	Sur un rocher à gauche du tracé Gouin vis-à-vis le piquet 34000 et à 60 mètres environ au dessus de la campagne Louis Bérouard	28, 677
R. m. T. 120	Sur un rocher à 6 mètres environ du tracé Gouin et à 60 mètres environ avant la limite des départements	37, 082

Chemin de fer de Lyon à la Méditerranée.

Ligne de Marseille à Toulon.

Tableau des repères de nivellement pour l'exécution des travaux, placés en Juillet 1855.

Note. Les ordonnées des repères sont rapportées au niveau des basses mers indiqué par l'Echelle des marées du fort St Jean à Marseille.

Le nivellement de Marseille à Toulon a été fait dans le courant de Juin 1855 par deux Opérateurs nivelant en même temps avec deux niveaux différents et lisant sur les mêmes mires.

À chaque Station les deux opérateurs se communiquaient la différence de façon à éviter une erreur grossière et considérable. Quand la différence des deux opérations n'était que de quelques millimètres on passait outre et l'on continuait. À la fin du nivellement les ordonnées ont été calculées à deux et séparément et l'on a eu soin de prendre la moyenne des différences trouvées entre deux repères consécutifs. Si ces fluctuations allant dans l'un ou dans l'autre sens avaient été négligées entre Marseille et Toulon, l'ordonnée trouvée par les deux niveleurs aurait différée de $0^m,019$.

Désignation des repères	Position des repères.	Ordonnée des repères
	## Département du Var.	
	### Section de Saint-Cyr.	
R. m. T. 121.	Sur un rocher au couchant de l'enclos Reynaud et à 20 mètres environ d'une petite porte qui donne sur le poste à feu	43,562
R. m. T. 122	Sur un rocher à un mètre environ du sommet d'angle de la courbe Reynaud	25,006.
R. m. T 123	Sur une pierre en saillie dans un mur d'une loge à porcs de la campagne Louis Bérouard derrière le hameau des Lèques	28,905
R. m. T 124	Sur le seuil de la porte de la campagne Blin	19,771
R. m. T 125	Sur le seuil de la porte de la campagne Bénet dit le long	23,777.
R. m. T 126	Sur le seuil de la porte de la campagne Silvy sur le bord de la route de la Ciotat à la Cadière	20,707.
R. m. T 127	Sur le seuil de la porte de la maison Tarrel sur le bord de la route de la Ciotat à St Cyr	18,206
R. m. T 128	Sur un rocher en saillie sous le mur qui soutient la chapelle Marie Magdeleine sur le bord du chemin de St Cyr à Bandol	26,418
R. m. T 129	Sur une pierre du mur en aile d'un ponceau du chemin de St Cyr à Bandol à la rencontre du chemin du pas de Lieutaud	41,772.
R. m. T 130	Sur un mur de garde du chemin de St Cyr à Bandol après la traversée du ravin de St Côme	40,478
R. m. T 131	Sur un rocher tout près de l'axe au sommet du pas d'Alon et à 20 mètres environ d'un four à chaux	77,118
R. m. T 132	Sur le seuil de la porte de l'écurie de la maison de Joseph Pascal sur le bord du chemin de St Cyr au port d'Alon	52,232
R. m. T 133	Sur un rocher sur le bord du chemin de St Cyr au port d'Alon	45,698

Désignation des repères	Position des repères.	Ordonnée des repères.
.m. T. 134	Sur un rocher à 50 mètres environ à droite du tracé et vis-à-vis le piquet 381 tracé de Mr Guillaume	56, 596
.m. T. 135	Sur un rocher Sur le bord d'un sentier dans le bois de la Galère, à 10 mètres environ à gauche de l'axe, vis-à-vis le piquet 436. tracé de Mr Guillaume	74, 429
.m. T. 136.	Sur un rocher à gauche du tracé et à 15 mètres environ du piquet 456. tracé de Mr Guillaume	55, 306.

Désignation des repères.	Position des repères.	Ordonnées des repères.
	## Section de St Nazaire.	
R.m.T. 137	Sur un rocher à gauche du tracé et à 20 mètres environ du piquet 475 (tracé de Mr. Guillaume)	51,070
R.m.T. 138	Sur un rocher tout près d'un cabanon à droite du tracé à 50 mètres environ du p.t 495 (tracé de Mr. Guillaume)	49,660
R.m.T. 139	Sur un rocher au pied d'un énorme tas de pierres, à 25 mètres environ à droite du tracé et vis-à-vis le piquet 521 (tracé de Mr. Guillaume)	39,897
R. 42.	Sur un rocher à droite du tracé et à 10 mètres environ du piquet 541 (tracé de Mr. Guillaume)	38,963
R.m.T. 140	Sur une marche d'escalier de l'aire de Fortuné Juques à gauche du tracé de Mr. Guillaume	40,909
R.m.T 141	Sur un rocher à droite du tracé près du cabanon de Caboufigue et tout près du p.t 589 (tracé de Mr. Guillaume)	34,295
R.m.T. 142.	Sur un rocher à droite du tracé et à une vingtaine de mètres du p.t 623 (tracé de Mr. Guillaume)	32,427
R.m.T. 143	Sur un rocher à droite du tracé et à 60 m. environ du piquet 675 (tracé de Mr. Guillaume)	19,722
R.m.T. 144	Sur le parapet d'un aqueduc de la route de Bandol à St Nazaire vis-à-vis le p.t 732 (tracé de Mr. Guillaume)	24,870
R.m.T. 145	Sur le parapet amont d'un pontceau de la route de Bandol à St Nazaire, vis-à-vis le p.t 752 (tracé de Mr. Guillaume)	20,790
R.m.T. 146.	Sur le parapet d'un aqueduc de la route de Bandol à St Nazaire en face de la propriété Joseph Reynaud au quartier des Gorguettes	30,075
R.m.T. 147.	Sur le parapet d'un aqueduc de la route de Bandol à St Nazaire, à la jonction du chemin de traverse dit des Gorguettes	38,736
R.m.T. 148	Sur une borne située à la rencontre d'un chemin rural et d'un sentier au quartier de la Poujaraque, à droite du tracé et vis-à-vis le piquet 821 (tracé de Mr. Guillaume)	28,360.

Désignation des repères.	Position des repères.	Ordonnée des repères.
.m.T. 149.	Sur un rocher de la fondation d'un mur de clôture à gauche de l'axe, vis-à-vis le piquet 835 (tracé de M. Guillaume)	24, 255.
.m.T. 150.	Sur une grosse pierre d'un mur qui borde le chemin de St Nazaire à la Millière, à droite du tracé vis-à-vis le piquet 852. (tracé de Mr Guillaume) _____	19, 794
R.m.T. 151.	Sur la seconde marche d'un petit escalier qui conduit à une garenne de la campagne dite Fournière Sur le bord du chemin de la Baou à droite du chemin de fer et vis-à-vis le piquet 865 (tracé de Mr Guillaume)	15, 961
R.m.T. 152.	Sur le seuil de la porte d'une petite maison de campagne Située à gauche de l'axe et à 30 mètres environ du piquet 895 (tracé de Mr Guillaume) _____	12, 915
R.m.T. 153.	Sur une borne de limite des communes de St Nazaire et d'Ollioules Sur le bord de la route de St Nazaire à Toulon à droite du tracé et à 50 mètres environ du piquet 907. (tracé de Mr Guillaume) _____	12, 314

Désignation des repères	Position des repères.	Ordonnée des repères.
	## Section de Toulon.	
R. m. T. 154	Sur un rocher au pied du monticule sur lequel est assise la chapelle dite Pépioule, à droite de l'axe et vis-à-vis le piquet 924 (tracé de Mr. Guillaume)	17, 500.
R. m. T. 155.	Sur la 3e marche de l'escalier Oriental de la ferme Laugier située à gauche de l'axe et à 15 mètres environ du piquet 940 (tracé de Mr. Guillaume)	21, 579.
R. m. T. 156.	Sur la borne de l'allée qui conduit du chemin de Bassaques à la ferme Chabaud à droite de l'axe, vis-à-vis le piquet 951 (tracé de Mr. Guillaume)	23, 442
R. m. T. 157.	Sur l'angle de la loge à porcs de la propriété Flandrin Fortuné, à droite du tracé, vis-à-vis le piquet 961	20, 113
R. m. T. 158	Sur une borne à l'angle d'une loge à porcs de la campagne de Mr. Daniel, Capitaine de frégate, à droite de l'axe, vis-à-vis le piquet 976 (tracé de Mr. Guillaume)	14, 730
R. m. T. 159.	Sur le seuil de la porte ronde de la maison de Joseph Etienne, à gauche de l'axe, vis-à-vis le piquet 987	13, 160
R. m. T. 160	Sur une borne du portail de la belle propriété dite la petite Garenne, à droite de l'axe et vis-à-vis le piquet 1023 (tracé de Mr. Guillaume)	4, 623
R. m. T. 161.	Sur le parapet rampant d'un ponceau construit à la jonction du chemin de Six fours à Toulon et de celui de la Goubran à la Seyne à droite de l'axe et vis-à-vis le piquet 1040 (tracé de Mr. Guillaume)	3, 460
R. m. T. 162.	Sur une borne à l'angle de deux chemins en face de la campagne Barthélemy, à droite de l'axe, vis-à-vis le piquet 1066 (tracé de Mr. Guillaume)	14, 917
R. m. T. 163	Sur une auge ou lavoir de la campagne Giran, à gauche du tracé	15, 932.
R. m. T. 164.	Sur un rocher à gauche du tracé et à environ 100 mètres du piquet 1085 (tracé de Mr. Guillaume)	20, 478

Désignation des repères	Position des repères.	Ordonnée des repères.
R. m. T. 165	Sur le puisard d'un aqueduc de la route Impériale N°. 8 à la limite des communes de Toulon et d'Ollioules et à gauche du tracé de M. Guillaume	20, 543.
R. m. T. 166	Sur la borne Kilométrique N°. 26 de la route Imp.le N°. 8	20, 867.
R. m. T. 167	Sur la borne côté gauche en entrant du portail de l'enclos de Madame Dauphin	19, 026.
R. m. T. 168.	Sur le sommet du parapet amont du pont de la rivière neuve du Las	15, 870
R. m. T. 169	Sur le sommet du parapet aval du pont du Las	6, 943
R. m. T. 170	Sur le socle d'un grand regard de la conduite d'eau de l'Arsenal de Castigneau sur le bord du Las et à droite du tracé de M. Guillaume	4, 745
R. m. T. 171	Sur le socle de droite en entrant de la porte de la maison Gassend, épicier, qui porte le N°. 1 du chemin de Plaisance	17, 187
R. m. T. 172	Sur le parapet du béal communal à gauche de l'axe et vis-à-vis le piquet 1135 du tracé de M. Guillaume	17, 342
R. m. T. 173	Sur le seuil d'une petite porte de la dernière maison sur le bord du béal communal avant d'arriver aux fortifications en cours d'exécution	17, 094
R. m. T. 174	Sur la borne des fortifications N°. 18	18, 029
R. m. T. 175	Sur la borne des fortifications N°. 45	23, 376
R. m. T. 176	Sur la borne des fortifications N°. 49	17, 259
R. m. T. 177	Sur la borne carrée la plus rapprochée du cimetière à la jonction du chemin de ceinture des fortifications et du chemin de traverse de la Palette	20, 111
R. m. T. 178	Sur la borne des fortifications N°. 70	16, 385
R. m. T. 179	Sur la pierre de taille de recouvrement d'un aqueduc bâti sous le trottoir de droite de la route Imp.le N°. 97 de Toulon à Antibes à la jonction avec le chemin de la Rode	7, 736.

Désignation des repères.	Position des repères.	Ordonnée des repères.
R. m. T. 180	Sur le parapet aval du pontceau construit sur le ruisseau de l'Egorgerie à 50 mètres environ avant le fossé des fortifications du port marchand ____	2, 395.
R. m. T. 181	Sur l'angle du quai du port de la Rode _____	0, 688.
	Nota : Ce repère est dit-on à 0, 800 au-dessus du niveau des basses mers de ce port ____	

Chemin de fer de Lyon à la Méditerranée.

Embranchement de Toulon.

· · · · ·

Notice sur les emplacements projetés pour les Stations

Une circulaire de Monsieur le Ministre de l'Agriculture, du Commerce et des travaux publics, en date du 7 Mai 1855, au sujet de l'enquête à ouvrir sur les projets d'emplacement des Stations du Chemin de Fer, porte :

« La Compagnie devra être invitée à présenter des plans du Chemin de fer, divisés « par Arrondissement et indiquant les emplacements et les surfaces des Stations qu'elle « propose d'établir. Ces plans devront être accompagnés d'un profil et d'un mémoire, « dans lequel elle fera connaître les distances qui séparent chaque Station et « justifiera les dispositions qu'elle propose.

Nous venons satisfaire à ces prescriptions pour ce qui est relatif au département du Var.

Le plan ci-joint et le profil en long qui l'accompagne, indiquent les dispositions essentielles du tracé du Chemin de fer et particulièrement celles qui concernent les Stations.

La partie de l'Embranchement comprise dans le Département du Var a une longueur de 27,317ᵐ·60. Elle est renfermée toute entière dans l'Arrondissement de Toulon et passe sur les territoires de S.t Cyr, Bandol, S.t Nazaire, Ollioules, Six-fours, La Seyne et Toulon. En dehors de ces communes, celles que l'on peut considérer comme étant intéressées à l'établissement des Stations, à cause de leur proximité, sont : La Cadière, Le Castellet, Le Beausset, Evenos et Signes.

La Station de Toulon a fait l'objet d'une enquête spéciale conformément au titre II de l'ordonnance réglementaire du 18 Février 1834. Nous n'en parlons que pour mémoire.

Depuis la limite du Département jusqu'à Toulon il y aura quatre Stations intermédiaires que nous désignerons, chacune, par le nom de la localité la plus rapprochée

1º La Station de St Cyr, distante de la limite du Département de 2.380.00

et de la station de Coyreste ou de la Ciotat de 6.680.00

2º La Station de Bandol distante de la précédente de 6.670.00

3º La Station de St Nazaire, ... » 6.750.00

4º La Station de la Seyne, ... » 4.250.00

Et la Station de Toulon, ... » 5.650.00

On s'est attaché à placer ces stations sur des paliers ou sur des plans peu inclinés, à les rapprocher autant que possible des centres de population qu'elles sont destinées à desservir et près des routes et Chemins qui en faciliteront l'accès. Le plan général indique qu'elles suffiront aux besoins des localités et chacun jugera par le peu de distance qui les sépare l'une de l'autre, qu'on ne pourrait en augmenter le nombre sans faire naître de graves inconvénients pour l'Exploitation.

Station de St Cyr. La Station de St Cyr sera placée à niveau du sol naturel, sur un plan incliné de 0.001. On a été dans la nécessité de l'éloigner de 1290.m 00 de St Cyr; à cause de la rampe de 0.008 que suit le chemin de fer sur un remblai fort élevé devant cette localité. Elle sera située au quartier du Pas-de-Graine, entre le chemin rural des Pradeaux et le chemin Vicinal de la Cadière à la Ciotat qui traverseront tous deux, la voie, à niveau. C'est par ce dernier chemin qu'on y accèdera en venant de St Cyr. Elle renfermera un Embarcadère pour Voyageurs et un quai de Marchandises établis l'un et l'autre à gauche de la voie et occupera une surface de terrain de 1,30 hect (y compris 0.m 40 pour l'emplacement des voies) appartenant à 9 propriétaires différents.

Station de Bandol. Comme la précédente, la station de Bandol sera placée à fleur du sol, sur un plan incliné de 0,001. Elle sera située à 300.m 00 environ du Village entre le Chemin Vicinal de grande communication Nº 16 de la Ciotat à Toulon et un Chemin charretier qui conduit de Bandol à la Vallée du Grand Vallat on y arrivera par le Chemin vicinal précité qui traversera la voie à niveau et par un chemin latéral aboutissant au chemin charretier. Cette station s'étendra sur 2,10 hect (y compris 0,60 pour l'emplacement des voies) occupés par 9 propriétaire. Elle renfermera un bâtiment de Voyageurs et un quai de marchandises placés à droite de la voie du côté de Bandol.

Station de St Nazaire. La station de St Nazaire sera située à la rencontre du chemin vicinal de grande communication N° 11 d'Ollioules à St Nazaire sur un palier en remblai de 2 à 3 mètres de hauteur à 1900m,00 de St Nazaire et à 2.700m,00 d'Ollioules. On y accèdera par le chemin vicinal, et pour que les abords en soient plus commodes, soit d'un côté, soit de l'autre, ce chemin sera dévié de manière à traverser la voie de fer normalement, au moyen d'un passage à niveau, en suivant des rampes faibles. Cette station renfermera un bâtiment de Voyageurs qui sera placé du côté de St Nazaire et un quai de Marchandises du côté d'Ollioules. Elle occupera une étendue de 1 hect. 20 (y compris 0,31 pour l'emplacement des voies) à prendre chez 7 propriétaires

Station de la Seyne. Ollioules et St Nazaire, ayant une station spéciale, il devenait nécessaire d'en établir une, le plus près possible de la Seyne, pour l'usage des habitants de cette localité et de six-fours. Elle sera située sur un palier en remblai de 4m,00 de hauteur, à 1500m,00 de distance de la ville, auprès du point où le chemin vicinal de la Seyne à Toulon se joint avec celui venant de Sixfours et à 800m,00 au bord de la petite rade. Pour y arriver, on établira une rampe d'accession en face du chemin de la Seyne. Cette station sera disposée pour un service de Voyageurs et de Marchandises, et renfermera à cet effet les bâtiments nécessaires qui seront placés à droite de la voie, du côté de la Seyne. Son étendue sera 1 hect. 30 (y compris 0,35 pour l'emplacement de ses voies) appartenant à un seul propriétaire

Dressé par l'Ingénieur des Ponts et Chaussées, chargé des travaux du chemin de fer dans le département du Var.

Signé Tassy

Approuvé par l'Ingénieur en chef

Avignon le 3 août 1855

Thirion.

Pour Copie conforme

www.ingramcontent.com/pod-product-compliance
Lightning Source LLC
Chambersburg PA
CBHW050427210326
41520CB00019B/5817